Sexualität im Alter

ALEXANDER ARMIN

INHALTSVERZEICHNIS

1
Einführung in die Sexualität im Alter

1.1 Bedeutung der sexuellen Gesundheit

Die sexuelle Gesundheit ist ein zentraler Bestandteil des allgemeinen Wohlbefindens, insbesondere im Alter. Sie umfasst nicht nur die Abwesenheit von Krankheiten, sondern auch das Vorhandensein positiver Erfahrungen und Einstellungen zur Sexualität. In einer Zeit, in der die Gesellschaft zunehmend älter wird, ist es entscheidend, die sexuelle Gesundheit älterer Menschen zu fördern und zu unterstützen.

Ein aktives Sexualleben kann erheblich zur Lebensqualität beitragen. Studien zeigen, dass Senioren, die eine erfüllte Sexualität erleben, oft auch emotional stabiler sind und ein höheres Maß an Zufriedenheit mit ihrem Leben empfinden. Die Intimität zwischen Partnern fördert nicht nur das körperliche Wohlbefinden, sondern stärkt auch emotionale Bindungen und soziale Kontakte.

Darüber hinaus spielt die sexuelle Gesundheit eine wichtige Rolle bei der Prävention von Krankheiten. Ein offener Umgang mit Themen wie sexuell übertragbaren Infektionen (STIs) ist unerlässlich. Viele ältere Menschen sind sich der Risiken nicht bewusst oder scheuen sich davor, darüber zu sprechen. Aufklärung und Zugang zu Informationen sind daher entscheidend für den Schutz ihrer sexuellen Gesundheit.

Ein weiterer Aspekt ist die psychologische Dimension der sexuellen Gesundheit im Alter. Viele Senioren sehen sich mit gesellschaftlichen Vorurteilen konfrontiert, die ihre Wahrnehmung von Sexualität beeinflussen können. Diese Stigmatisierung kann dazu führen, dass sie ihre Bedürfnisse unterdrücken oder gar ignorieren. Eine offene Kommunikation über sexuelle Wünsche und Bedürfnisse innerhalb von Beziehungen sowie in Pflegeeinrichtungen kann helfen, diese Barrieren abzubauen.

Zusammenfassend lässt sich sagen, dass die Bedeutung der sexuellen Gesundheit im Alter weit über den physischen Aspekt hinausgeht. Sie umfasst emotionale und soziale Dimensionen und trägt maßgeblich zur Lebensqualität bei. Es ist wichtig, dass sowohl Angehörige als auch Fachkräfte im Gesundheitswesen diese Aspekte erkennen und aktiv unterstützen.

1.2 Vorurteile und Tabus

Vorurteile und Tabus im Zusammenhang mit der Sexualität älterer Menschen sind weit verbreitet und haben tiefgreifende Auswirkungen auf deren Lebensqualität. Diese gesellschaftlichen Einstellungen führen oft dazu, dass die Bedürfnisse und Wünsche älterer Menschen in Bezug auf Sexualität ignoriert oder als unangemessen betrachtet werden. Die Vorstellung, dass Sexualität nur für jüngere Menschen relevant ist, verstärkt das Stigma und hindert Senioren daran, offen über ihre sexuellen Bedürfnisse zu sprechen.

Ein zentrales Vorurteil ist die Annahme, dass ältere Menschen kein Interesse mehr an Sexualität haben oder diese nicht mehr ausüben können. Diese Sichtweise ist nicht nur falsch, sondern auch schädlich. Viele Senioren erleben weiterhin ein aktives Sexualleben und empfinden Freude an Intimität und Nähe. Studien zeigen, dass eine erfüllte Sexualität im Alter positive Auswirkungen auf das emotionale Wohlbefinden hat. Dennoch fühlen sich viele aufgrund gesellschaftlicher Normen unter Druck gesetzt, ihre Wünsche zu verbergen.

Tabus rund um das Thema sexuelle Gesundheit im Alter führen häufig zu einem Mangel an Aufklärung. Ältere Menschen sind oft nicht ausreichend informiert über Themen wie sexuell übertragbare Infektionen (STIs) oder Verhütungsmethoden für Senioren. Dies kann dazu führen, dass sie Risiken eingehen oder sich in ihrer sexuellen Gesundheit gefährden. Ein offener Dialog zwischen Fachkräften im Gesundheitswesen und älteren Patienten ist entscheidend, um diese Barrieren abzubauen.

Darüber hinaus können auch Pflegeeinrichtungen von diesen Vorurteilen betroffen sein. Oftmals wird die sexuelle Identität von Bewohnern nicht anerkannt oder respektiert, was zu einem Gefühl der Isolation führt. Es ist wichtig, dass Pflegekräfte geschult werden, um sensibel mit den Bedürfnissen ihrer Klienten umzugehen und eine Umgebung zu schaffen, in der ältere Menschen sich sicher fühlen können, ihre Wünsche auszudrücken.

Zusammenfassend lässt sich sagen, dass es notwendig ist, Vorurteile abzubauen und Tabus zu brechen, um die sexuelle Gesundheit älterer Menschen zu fördern. Eine offene Kommunikation sowie Aufklärung sind unerlässlich für ein selbstbestimmtes Leben im Alter.

1.3 Zielgruppen und Leseransprache

Die Auseinandersetzung mit der Sexualität im Alter erfordert eine differenzierte Betrachtung der verschiedenen Zielgruppen, die von diesem Thema betroffen sind. Es ist entscheidend, die unterschiedlichen Bedürfnisse und Perspektiven zu erkennen, um eine angemessene Ansprache zu gewährleisten. Zu den Hauptzielgruppen gehören ältere Menschen selbst, Angehörige sowie Fachkräfte im Gesundheitswesen und in der Altenpflege.

Ältere Menschen stellen die primäre Zielgruppe dar. Innerhalb dieser Gruppe gibt es jedoch erhebliche Unterschiede hinsichtlich Geschlecht, sexueller Orientierung und Lebenssituation. Während einige Senioren in festen Partnerschaften leben, sind andere alleinstehend oder verwitwet. Diese Diversität beeinflusst ihre Sicht auf Sexualität und Intimität erheblich. Ein offener Dialog über sexuelle Wünsche und Bedürfnisse kann dazu beitragen, das Selbstbewusstsein älterer Menschen zu stärken und ihnen ein erfülltes Leben zu ermöglichen.

Angehörige spielen ebenfalls eine wichtige Rolle in der Leseransprache. Oftmals sind sie besorgt über das Wohlbefinden ihrer älteren Familienmitglieder und möchten deren Bedürfnisse besser verstehen. Informationen über die Sexualität im Alter können helfen, Vorurteile abzubauen und einen respektvollen Umgang mit dem Thema zu fördern. Es ist wichtig, dass Angehörige lernen, wie sie Gespräche über Sexualität sensibel führen können, ohne dabei in Tabus oder Vorurteile zu verfallen.

Fachkräfte im Gesundheitswesen müssen ebenfalls als Zielgruppe betrachtet werden. Ärzte, Pflegekräfte und Therapeuten sollten geschult werden, um offen mit älteren Patienten über sexuelle Gesundheit sprechen zu können. Eine solche Schulung kann dazu beitragen, Barrieren abzubauen und sicherzustellen, dass ältere Menschen Zugang zu wichtigen Informationen haben. Die Sensibilisierung für die sexuellen Bedürfnisse älterer Menschen sollte Teil der Ausbildung von Fachkräften sein.

Zusammenfassend lässt sich sagen, dass eine differenzierte Ansprache aller relevanten Zielgruppen notwendig ist, um das Thema Sexualität im Alter umfassend zu behandeln. Durch gezielte Aufklärung und offene Kommunikation kann ein Umfeld geschaffen werden, in dem ältere Menschen ihre Wünsche äußern können – ohne Angst vor Stigmatisierung oder Ablehnung.

2
Physiologische und psychologische Veränderungen im Alter

2.1 Körperliche Veränderungen und ihre Auswirkungen auf die Sexualität

Die körperlichen Veränderungen, die mit dem Alter einhergehen, haben einen signifikanten Einfluss auf die Sexualität älterer Menschen. Diese Veränderungen sind oft das Ergebnis natürlicher physiologischer Prozesse, die sowohl Männer als auch Frauen betreffen. Ein vertieftes Verständnis dieser Aspekte ist entscheidend, um die Bedürfnisse und Wünsche älterer Menschen in Bezug auf ihre Sexualität zu respektieren und zu unterstützen.

Bei Frauen führt der Rückgang der Östrogenproduktion während der Menopause häufig zu vaginaler Trockenheit und einer verringerten Elastizität des Gewebes. Diese physischen Veränderungen können Schmerzen beim Geschlechtsverkehr verursachen und somit das sexuelle Verlangen beeinträchtigen. Viele Frauen berichten von einem verminderten Lustempfinden, was nicht nur durch körperliche Faktoren bedingt ist, sondern auch durch psychologische Aspekte wie Angst oder Scham über den eigenen Körper im Alter.

Männer hingegen erleben oft eine Abnahme des Testosteronspiegels, was sich in einer verringerten Libido sowie Schwierigkeiten bei der Erektion äußern kann. Diese Veränderungen können das Selbstbewusstsein beeinträchtigen und zu einem Rückzug aus intimen Beziehungen führen. Es ist wichtig zu betonen, dass viele Männer trotz dieser Herausforderungen weiterhin ein aktives Sexualleben wünschen; sie benötigen jedoch möglicherweise Unterstützung oder medizinische Interventionen.

- Vaginale Trockenheit bei Frauen kann durch Gleitmittel oder Hormonersatztherapie behandelt werden.
- Männer können von Medikamenten profitieren, die zur Behandlung von erektiler Dysfunktion eingesetzt werden.
- Offene Kommunikation zwischen Partnern ist entscheidend für das Verständnis und die Bewältigung dieser Herausforderungen.

Zusätzlich spielen gesellschaftliche Normen eine Rolle: Oft wird angenommen, dass ältere Menschen kein Interesse an Sexualität haben. Diese Vorurteile können dazu führen, dass Betroffene sich isoliert fühlen oder ihre Bedürfnisse nicht artikulieren. Eine positive Einstellung zur Sexualität im Alter sollte gefördert werden, um den Betroffenen ein erfülltes Liebesleben zu ermöglichen.

Insgesamt zeigt sich, dass körperliche Veränderungen im Alter zwar Herausforderungen mit sich bringen können, jedoch auch Möglichkeiten für neue Formen der Intimität eröffnen. Die Auseinandersetzung mit diesen Themen kann dazu beitragen, das sexuelle Wohlbefinden älterer Menschen nachhaltig zu verbessern.

2.2 Psychologische Aspekte der Sexualität im Alter

Die psychologischen Aspekte der Sexualität im Alter sind von entscheidender Bedeutung, da sie das sexuelle Wohlbefinden und die Intimität älterer Menschen maßgeblich beeinflussen. Oftmals werden diese Aspekte durch gesellschaftliche Normen und persönliche Erfahrungen geprägt, die sich über ein ganzes Leben hinweg entwickeln. Ein tiefes Verständnis dieser Faktoren ist notwendig, um den Bedürfnissen älterer Menschen gerecht zu werden und ihnen ein erfülltes Liebesleben zu ermöglichen.

Ein zentrales Thema ist das Selbstbild älterer Menschen. Viele erleben eine Veränderung in ihrem Körperbild, was zu einem verminderten Selbstwertgefühl führen kann. Diese Veränderungen können Scham oder Unsicherheit hervorrufen, die sich negativ auf das sexuelle Verlangen auswirken. Ältere Frauen berichten häufig von einem Gefühl des Verlusts ihrer Weiblichkeit, während Männer mit dem Druck kämpfen, ihre Männlichkeit unter Beweis zu stellen. Solche psychologischen Barrieren können dazu führen, dass ältere Menschen weniger offen für sexuelle Aktivitäten sind oder diese ganz vermeiden.

Darüber hinaus spielt die Kommunikation zwischen Partnern eine wesentliche Rolle. Offene Gespräche über Wünsche und Bedürfnisse sind oft eingeschränkt, was Missverständnisse und Frustrationen zur Folge haben kann. Die Angst vor Ablehnung oder das Gefühl, nicht mehr attraktiv zu sein, hindern viele Paare daran, intime Themen anzusprechen. Eine positive Kommunikationskultur kann jedoch helfen, diese Hürden abzubauen und das sexuelle Erleben zu bereichern.

Gesellschaftliche Vorurteile tragen ebenfalls zur Stigmatisierung der Sexualität im Alter bei. Oft wird angenommen, dass ältere Menschen kein Interesse an Sexualität haben oder dies als unangemessen gilt. Solche Stereotypen können dazu führen, dass Betroffene ihre Bedürfnisse nicht äußern oder gar unterdrücken. Es ist wichtig, diese Mythen aktiv abzubauen und eine Kultur zu fördern, die Sexualität als einen natürlichen Teil des Lebens in jedem Alter anerkennt.

Zusammenfassend lässt sich sagen, dass die psychologischen Aspekte der Sexualität im Alter komplex sind und sowohl individuelle als auch gesellschaftliche Dimensionen umfassen. Ein respektvoller Umgang mit diesen Themen sowie eine offene Kommunikation können dazu beitragen, das sexuelle Wohlbefinden älterer Menschen nachhaltig zu verbessern.

2.3 Einfluss von Lebensstil und Gesundheit

Der Lebensstil und die allgemeine Gesundheit spielen eine entscheidende Rolle im Alterungsprozess und beeinflussen sowohl physiologische als auch psychologische Veränderungen. Ein aktiver Lebensstil, der regelmäßige körperliche Aktivität, gesunde Ernährung und soziale Interaktionen umfasst, kann nicht nur die körperliche Fitness erhalten, sondern auch das geistige Wohlbefinden fördern.

Regelmäßige Bewegung ist besonders wichtig für ältere Menschen. Studien zeigen, dass körperliche Aktivität das Risiko chronischer Erkrankungen wie Herz-Kreislauf-Erkrankungen, Diabetes und Osteoporose signifikant senken kann. Darüber hinaus trägt Sport zur Verbesserung der Mobilität und des Gleichgewichts bei, was Stürze verhindern kann – eine häufige Ursache für Verletzungen im Alter. Auch die psychologischen Vorteile sind nicht zu unterschätzen: Bewegung fördert die Ausschüttung von Endorphinen, die das allgemeine Wohlbefinden steigern und depressive Symptome lindern können.

Eine ausgewogene Ernährung ist ein weiterer Schlüsselfaktor für ein gesundes Altern. Ältere Erwachsene benötigen oft weniger Kalorien, jedoch mehr Nährstoffe wie Vitamine und Mineralien. Eine Ernährung reich an Obst, Gemüse, Vollkornprodukten sowie magerem Eiweiß unterstützt nicht nur die physische Gesundheit, sondern hat auch positive Auswirkungen auf die kognitive Funktion. Die richtige Ernährung kann helfen, altersbedingte Krankheiten zu vermeiden oder deren Verlauf zu verlangsamen.

Soziale Interaktionen sind ebenfalls von großer Bedeutung für das psychische Wohlbefinden älterer Menschen. Einsamkeit und soziale Isolation können negative Auswirkungen auf die mentale Gesundheit haben und das Risiko für Depressionen erhöhen. Aktive Teilnahme an Gemeinschaftsaktivitäten oder Hobbys fördert nicht nur soziale Kontakte, sondern stärkt auch das Gefühl der Zugehörigkeit und des Selbstwerts.

Zusammenfassend lässt sich sagen, dass ein gesunder Lebensstil mit regelmäßiger Bewegung, ausgewogener Ernährung und sozialen Aktivitäten einen positiven Einfluss auf den Alterungsprozess hat. Diese Faktoren tragen dazu bei, sowohl die physische als auch die psychische Gesundheit zu erhalten und somit ein erfülltes Leben im Alter zu ermöglichen.

3
Aktives Sexualleben im Alter

3.1 Statistiken und Trends zur Sexualität bei Senioren

Die Sexualität im Alter ist ein oft übersehenes, jedoch essenzielles Thema, das zunehmend an Bedeutung gewinnt. In einer Gesellschaft, die älter wird, ist es wichtig zu erkennen, dass viele Senioren weiterhin aktiv sexuelle Beziehungen pflegen. Statistiken zeigen, dass etwa 50% der über 65-Jährigen regelmäßig sexuelle Aktivitäten haben. Diese Zahl verdeutlicht nicht nur die Fortdauer von Intimität im Alter, sondern auch die Notwendigkeit, diese Aspekte in der Gesundheitsversorgung und sozialen Unterstützung zu berücksichtigen.

Ein bemerkenswerter Trend ist die zunehmende Offenheit gegenüber Sexualität im Alter. Während frühere Generationen oft mit Scham und Tabus konfrontiert waren, zeigen aktuelle Umfragen, dass Senioren heute offener über ihre Bedürfnisse sprechen. Dies könnte teilweise auf den Einfluss von Aufklärungskampagnen und eine veränderte gesellschaftliche Wahrnehmung zurückzuführen sein. Die Akzeptanz von Sexualität als Teil des menschlichen Lebens hat dazu geführt, dass mehr ältere Menschen bereit sind, ihre Wünsche zu äußern und nach Erfüllung zu streben.

Darüber hinaus gibt es signifikante Unterschiede zwischen Geschlechtern in Bezug auf sexuelle Aktivität im Alter. Studien belegen, dass Männer tendenziell aktiver sind als Frauen; jedoch zeigt sich auch hier ein Wandel: Immer mehr Frauen ab 60 Jahren berichten von einem erfüllten Sexualleben. Faktoren wie Partnerschaftsstatus spielen eine entscheidende Rolle – verwitwete oder geschiedene Frauen neigen dazu, weniger aktiv zu sein als ihre verheirateten Altersgenossen.

Ein weiterer wichtiger Aspekt sind die positiven Auswirkungen eines aktiven Sexuallebens auf das allgemeine Wohlbefinden älterer Menschen. Regelmäßige sexuelle Aktivität wird mit einer besseren psychischen Gesundheit sowie einem geringeren Risiko für Depressionen in Verbindung gebracht. Zudem fördert sie soziale Bindungen und kann das Gefühl der Einsamkeit verringern.

Insgesamt zeigt sich ein klarer Trend hin zu einer positiveren Einstellung zur Sexualität im Alter. Es ist unerlässlich, diese Entwicklungen weiter zu beobachten und entsprechende Ressourcen bereitzustellen, um Senioren dabei zu unterstützen, ihre sexuellen Bedürfnisse auszuleben und somit ihre Lebensqualität nachhaltig zu verbessern.

3.2 Positive Auswirkungen auf die Lebensqualität

Ein aktives Sexualleben im Alter hat weitreichende positive Auswirkungen auf die Lebensqualität älterer Menschen. Diese Aspekte sind nicht nur physischer Natur, sondern umfassen auch emotionale und soziale Dimensionen, die entscheidend für das allgemeine Wohlbefinden sind.

Zu den wichtigsten Vorteilen gehört die Förderung der psychischen Gesundheit. Regelmäßige sexuelle Aktivität kann Stress abbauen und das Gefühl von Glück und Zufriedenheit steigern. Studien zeigen, dass Senioren, die aktiv sexuelle Beziehungen pflegen, seltener unter Depressionen leiden und ein höheres Maß an Lebensfreude empfinden. Dies ist teilweise auf die Ausschüttung von Endorphinen während des Geschlechtsverkehrs zurückzuführen, welche als natürliche Stimmungsaufheller wirken.

Darüber hinaus stärkt ein erfülltes Sexualleben zwischen Partnern die emotionale Bindung und Intimität. Diese Nähe fördert nicht nur das Vertrauen zueinander, sondern hilft auch dabei, Einsamkeit zu reduzieren – ein häufiges Problem im Alter. Paare berichten oft von einer tieferen Verbindung zueinander, was sich positiv auf ihre gesamte Beziehung auswirkt.

Ein weiterer Aspekt ist der Einfluss auf die körperliche Gesundheit. Sexuelle Aktivität kann zur Verbesserung der Herz-Kreislauf-Gesundheit beitragen und das Immunsystem stärken. Zudem wird durch regelmäßige Bewegung während des Geschlechtsverkehrs auch die körperliche Fitness gefördert, was wiederum zu einem aktiveren Lebensstil führt.

- **Psychische Gesundheit:** Reduzierung von Stress und Depressionen durch erhöhte Ausschüttung von Endorphinen.
- **Emotionale Bindung:** Stärkung der Partnerschaft durch Intimität und Vertrauen.
- **Körperliche Gesundheit:** Verbesserung der Herz-Kreislauf-Funktion und Stärkung des Immunsystems.

Letztlich zeigt sich, dass ein aktives Sexualleben im Alter nicht nur eine Quelle persönlicher Freude darstellt, sondern auch einen wesentlichen Beitrag zur allgemeinen Lebensqualität leistet. Es ist wichtig, diese Themen offen anzusprechen und in der Gesundheitsversorgung zu berücksichtigen, um älteren Menschen zu helfen, ihre Bedürfnisse zu erfüllen und somit ihr Leben in vollen Zügen genießen zu können.

3.3 Herausforderungen eines aktiven Sexuallebens

Die Aufrechterhaltung eines aktiven Sexuallebens im Alter bringt eine Vielzahl von Herausforderungen mit sich, die sowohl physischer als auch psychologischer Natur sind. Diese Schwierigkeiten können das sexuelle Wohlbefinden und die Intimität zwischen Partnern erheblich beeinträchtigen. Es ist wichtig, diese Herausforderungen zu erkennen und anzugehen, um ein erfülltes Sexualleben zu fördern.

Eine der häufigsten physischen Herausforderungen ist die Abnahme der sexuellen Funktionalität. Viele ältere Menschen erleben Veränderungen in ihrer Libido oder haben Schwierigkeiten, eine Erektion zu bekommen oder aufrechtzuerhalten. Bei Frauen kann es zu vaginaler Trockenheit kommen, was den Geschlechtsverkehr unangenehm macht. Diese körperlichen Veränderungen können oft durch altersbedingte Erkrankungen wie Diabetes oder Herz-Kreislauf-Erkrankungen verstärkt werden, die ebenfalls Einfluss auf die sexuelle Gesundheit haben.

Zusätzlich zu physischen Aspekten spielen psychologische Faktoren eine entscheidende Rolle. Ältere Erwachsene können unter einem verminderten Selbstwertgefühl leiden, insbesondere wenn sie sich mit dem Altern und den damit verbundenen Veränderungen auseinandersetzen müssen. Angst vor Ablehnung oder das Gefühl, nicht mehr attraktiv zu sein, kann dazu führen, dass Paare ihre sexuellen Aktivitäten einschränken oder ganz einstellen. Die gesellschaftliche Stigmatisierung von Sexualität im Alter trägt ebenfalls zur Unsicherheit bei.

Ein weiterer bedeutender Aspekt sind soziale Barrieren. Viele Senioren leben allein oder haben keinen Zugang zu einem Partner für intime Beziehungen. Einsamkeit kann nicht nur das Verlangen nach Sex verringern, sondern auch das allgemeine Wohlbefinden beeinträchtigen. Zudem gibt es oft einen Mangel an offenen Gesprächen über Sexualität in der Gesellschaft sowie in medizinischen Einrichtungen, was dazu führt, dass viele ältere Menschen ihre Bedürfnisse nicht äußern oder Unterstützung suchen.

Um diesen Herausforderungen entgegenzuwirken, ist es wichtig, dass sowohl Individuen als auch Paare offen über ihre Bedürfnisse sprechen und gegebenenfalls professionelle Hilfe in Anspruch nehmen. Aufklärung über sexuelle Gesundheit im Alter sollte gefördert werden, um Vorurteile abzubauen und ein positives Bild von Sexualität im Alter zu vermitteln.

4

Intimität und Partnerschaft im Alter

4.1 Die Rolle von Intimität in Beziehungen

Intimität spielt eine zentrale Rolle in zwischenmenschlichen Beziehungen, insbesondere im Alter. Sie ist nicht nur auf körperliche Nähe beschränkt, sondern umfasst auch emotionale und soziale Aspekte, die für das Wohlbefinden und die Lebensqualität älterer Menschen entscheidend sind. In einer Zeit, in der viele Senioren mit Einsamkeit und Isolation konfrontiert sind, kann Intimität als ein wichtiger Faktor zur Förderung von Glück und Zufriedenheit betrachtet werden.

Die emotionale Intimität ermöglicht es Partnern, sich auf einer tieferen Ebene zu verbinden. Ältere Paare haben oft eine lange gemeinsame Geschichte, die Vertrauen und Verständnis fördert. Diese tiefere Verbindung kann dazu beitragen, Herausforderungen wie gesundheitliche Probleme oder den Verlust eines Partners besser zu bewältigen. Studien zeigen, dass Paare, die emotional intim sind, tendenziell weniger unter Depressionen leiden und eine höhere Lebenszufriedenheit berichten.

Körperliche Intimität hingegen wird häufig missverstanden oder tabuisiert. Viele ältere Menschen glauben fälschlicherweise, dass Sexualität im Alter nicht mehr relevant ist oder gesellschaftlich nicht akzeptiert wird. Tatsächlich bleibt der Wunsch nach körperlicher Nähe auch im Alter bestehen und kann einen positiven Einfluss auf das Selbstwertgefühl haben. Die Aufrechterhaltung eines aktiven Sexuallebens kann zudem zur physischen Gesundheit beitragen, indem sie das Herz-Kreislauf-System stärkt und Stress abbaut.

Ein weiterer Aspekt der Intimität ist die Kommunikation zwischen Partnern. Offene Gespräche über Bedürfnisse und Wünsche sind entscheidend für eine erfüllte Beziehung im Alter. Paare sollten ermutigt werden, ihre Vorurteile abzubauen und über ihre Erfahrungen zu sprechen. Dies fördert nicht nur das Verständnis füreinander, sondern hilft auch dabei, Missverständnisse auszuräumen.

Zusammenfassend lässt sich sagen, dass Intimität in Beziehungen älterer Menschen weitreichende Vorteile bietet – sowohl emotional als auch physisch. Es ist wichtig, diese Themen offen anzusprechen und den Senioren Raum zu geben, ihre Bedürfnisse zu äußern. Indem wir Intimität als einen natürlichen Teil des Lebens akzeptieren und fördern, können wir dazu beitragen, dass ältere Menschen ein erfülltes Leben

4.2 Kommunikation in Partnerschaften

Die Kommunikation ist das Herzstück jeder Beziehung, insbesondere in Partnerschaften im Alter. Sie ermöglicht es den Partnern, ihre Bedürfnisse, Wünsche und Sorgen auszudrücken und zu verstehen. In einer Lebensphase, in der viele Menschen mit Veränderungen wie gesundheitlichen Problemen oder dem Verlust von Freunden konfrontiert sind, wird die Fähigkeit zur offenen und ehrlichen Kommunikation noch wichtiger.

Ein zentraler Aspekt der Kommunikation in älteren Partnerschaften ist die aktive Zuhörfähigkeit. Oft neigen Paare dazu, sich auf ihre eigenen Gedanken und Gefühle zu konzentrieren, wodurch sie die Perspektive des anderen aus den Augen verlieren können. Aktives Zuhören bedeutet nicht nur, die Worte des Partners zu hören, sondern auch deren Emotionen und nonverbale Signale wahrzunehmen. Dies fördert ein tieferes Verständnis füreinander und stärkt das emotionale Band.

Darüber hinaus spielt die nonverbale Kommunikation eine entscheidende Rolle. Gesten, Mimik und Körperhaltung können oft mehr sagen als Worte. Ältere Paare sollten sich bewusst sein, wie ihre Körpersprache die Botschaft beeinflussen kann, die sie senden. Ein einfaches Lächeln oder eine beruhigende Berührung kann oft Trost spenden und das Gefühl von Nähe verstärken.

Ein weiterer wichtiger Punkt ist der Umgang mit Konflikten. In langen Beziehungen können Missverständnisse auftreten, die unbehandelt zu Spannungen führen können. Es ist wichtig für Paare im Alter, Techniken zur Konfliktlösung zu erlernen – wie beispielsweise „Ich-Botschaften" anstelle von Vorwürfen zu verwenden oder Kompromisse einzugehen. Solche Ansätze fördern nicht nur eine gesunde Diskussion über Differenzen, sondern stärken auch das Vertrauen zwischen den Partnern.

Zusammenfassend lässt sich sagen, dass effektive Kommunikation in Partnerschaften im Alter nicht nur zur Lösung von Problemen beiträgt, sondern auch das allgemeine Wohlbefinden steigert. Indem Paare lernen, offen miteinander zu sprechen und zuzuhören sowie nonverbale Signale zu beachten, können sie ihre Beziehung vertiefen und ein erfülltes gemeinsames Leben führen.

4.3 Umgang mit Verlust und Trauer

Der Umgang mit Verlust und Trauer ist ein zentrales Thema in der Lebensphase des Alters, da viele Menschen in dieser Zeit den Tod von Partnern, Freunden oder Familienmitgliedern erleben. Diese Erfahrungen können tiefgreifende emotionale Auswirkungen haben und die Art und Weise beeinflussen, wie ältere Menschen ihre Beziehungen gestalten. Der Prozess der Trauer ist individuell und kann sich über einen längeren Zeitraum erstrecken, wobei jeder Mensch unterschiedlich damit umgeht.

Ein wichtiger Aspekt im Umgang mit Verlust ist die Akzeptanz der eigenen Gefühle. Viele ältere Menschen empfinden Scham oder Schuldgefühle, wenn sie trauern, insbesondere wenn sie das Gefühl haben, dass sie „stark" sein sollten. Es ist jedoch entscheidend zu erkennen, dass Trauer eine natürliche Reaktion auf den Verlust ist. Die Erlaubnis, diese Emotionen zu fühlen und auszudrücken, kann helfen, den Heilungsprozess zu fördern.

Darüber hinaus spielt die soziale Unterstützung eine wesentliche Rolle im Trauerprozess. Ältere Paare sollten ermutigt werden, sich an Freunde oder Angehörige zu wenden oder sogar Selbsthilfegruppen beizutreten. Der Austausch mit anderen, die ähnliche Erfahrungen gemacht haben, kann Trost spenden und das Gefühl der Isolation verringern. Oft hilft es auch, Erinnerungen an den Verstorbenen zu teilen oder gemeinsame Rituale zu pflegen – sei es durch das Anzünden einer Kerze oder das Besuchen eines besonderen Ortes.

Ein weiterer wichtiger Punkt ist die Möglichkeit der Neugestaltung des Lebens nach einem Verlust. Viele ältere Menschen finden neue Hobbys oder engagieren sich ehrenamtlich in ihrer Gemeinschaft als Teil ihres Heilungsprozesses. Solche Aktivitäten können nicht nur Ablenkung bieten, sondern auch neue soziale Kontakte ermöglichen und somit das Gefühl von Einsamkeit mindern.

Zusammenfassend lässt sich sagen, dass der Umgang mit Verlust und Trauer im Alter eine komplexe Herausforderung darstellt. Indem ältere Menschen lernen, ihre Gefühle anzunehmen und Unterstützung in ihrem Umfeld suchen sowie neue Wege zur Lebensgestaltung finden, können sie diesen schwierigen Prozess besser bewältigen und letztlich ein erfüllteres Leben führen.

5
Sexuelle Gesundheit im Alter

5.1 Prävention von Krankheiten und Gesundheitsförderung

Die Prävention von Krankheiten und die Gesundheitsförderung sind zentrale Aspekte der sexuellen Gesundheit im Alter. Ältere Menschen stehen oft vor spezifischen gesundheitlichen Herausforderungen, die ihre sexuelle Aktivität und ihr Wohlbefinden beeinflussen können. Daher ist es entscheidend, präventive Maßnahmen zu ergreifen, um das Risiko von Erkrankungen zu minimieren und die Lebensqualität zu steigern.

Ein wichtiger Bestandteil der Gesundheitsförderung ist die Aufklärung über sexuell übertragbare Infektionen (STIs), die auch im Alter nicht vernachlässigt werden sollten. Viele Senioren sind sich der Risiken nicht bewusst oder glauben fälschlicherweise, dass sie nicht betroffen sind. Regelmäßige Vorsorgeuntersuchungen und Tests auf STIs können helfen, frühzeitig Probleme zu erkennen und zu behandeln.

Darüber hinaus spielt eine gesunde Lebensweise eine wesentliche Rolle in der Prävention. Eine ausgewogene Ernährung, regelmäßige körperliche Aktivität und der Verzicht auf schädliche Gewohnheiten wie Rauchen oder übermäßigen Alkoholkonsum tragen dazu bei, das allgemeine Wohlbefinden zu fördern. Studien zeigen, dass körperliche Fitness nicht nur die physische Gesundheit verbessert, sondern auch positive Auswirkungen auf das Sexualleben hat.

- Regelmäßige ärztliche Untersuchungen zur Früherkennung von Erkrankungen
- Aufklärung über sichere Sexualpraktiken
- Förderung eines aktiven Lebensstils durch Sport und Bewegung
- Gesunde Ernährung zur Unterstützung des Immunsystems

Zudem ist es wichtig, soziale Isolation zu vermeiden, da diese negative Auswirkungen auf die psychische Gesundheit haben kann. Soziale Kontakte fördern nicht nur das emotionale Wohlbefinden, sondern können auch den Austausch über sexuelle Themen erleichtern. Gruppenaktivitäten oder Kurse für Senioren bieten Gelegenheiten zur Interaktion und zum Lernen über sexuelle Gesundheit.

Insgesamt zeigt sich, dass Prävention und Gesundheitsförderung im Alter eng miteinander verknüpft sind. Durch gezielte Maßnahmen können ältere Menschen ein erfülltes Sexualleben führen und gleichzeitig ihre allgemeine Gesundheit erhalten oder sogar verbessern.

5.2 Einfluss von Medikamenten auf die Sexualität

Der Einfluss von Medikamenten auf die Sexualität älterer Menschen ist ein bedeutendes Thema, das oft übersehen wird. Viele Senioren nehmen regelmäßig Medikamente ein, um chronische Erkrankungen zu behandeln, was jedoch unbeabsichtigte Auswirkungen auf ihre sexuelle Gesundheit haben kann. Die Wechselwirkungen zwischen verschiedenen Arzneimitteln und deren Nebenwirkungen können sowohl die Libido als auch die sexuelle Funktion beeinträchtigen.

Ein häufiges Beispiel sind Antidepressiva, insbesondere selektive Serotonin-Wiederaufnahmehemmer (SSRIs), die oft zur Behandlung von Depressionen eingesetzt werden. Diese Medikamente können zu einer verminderten sexuellen Lust und Schwierigkeiten bei der Erreichung eines Orgasmus führen. Ältere Menschen, die bereits mit psychischen Herausforderungen kämpfen, könnten durch solche Nebenwirkungen zusätzlich belastet werden.

Darüber hinaus können Blutdruckmedikamente wie Betablocker oder Diuretika ebenfalls negative Auswirkungen auf die Sexualität haben. Sie sind bekannt dafür, dass sie Erektionsstörungen verursachen oder das sexuelle Verlangen verringern. Dies kann für Männer besonders frustrierend sein und zu einem Rückgang des Selbstwertgefühls führen.

Es ist wichtig zu beachten, dass nicht alle Medikamente gleich wirken; einige können sogar positive Effekte auf das Sexualleben haben. Beispielsweise können bestimmte Hormonersatztherapien bei Frauen in den Wechseljahren dazu beitragen, vaginalen Trockenheit entgegenzuwirken und somit das sexuelle Vergnügen zu steigern.

Die Kommunikation zwischen Patienten und Ärzten spielt eine entscheidende Rolle bei der Identifizierung und dem Management dieser Probleme. Ärzte sollten proaktiv nach möglichen sexuellen Nebenwirkungen fragen und gegebenenfalls alternative Behandlungsoptionen in Betracht ziehen oder unterstützende Therapien empfehlen. Eine offene Diskussion über sexuelle Gesundheit kann helfen, Stigmata abzubauen und ältere Menschen dazu ermutigen, ihre Bedürfnisse anzusprechen.

Zusammenfassend lässt sich sagen, dass der Einfluss von Medikamenten auf die Sexualität im Alter ein komplexes Thema ist, das sorgfältige Aufmerksamkeit erfordert. Durch Aufklärung und einen offenen Dialog können viele der negativen Auswirkungen gemildert werden, sodass ältere Menschen ein erfülltes Sexualleben führen können.

5.3 Ressourcen für sexuelle Gesundheit

Die Förderung der sexuellen Gesundheit im Alter erfordert den Zugang zu vielfältigen Ressourcen, die älteren Menschen helfen, ihre Bedürfnisse und Wünsche in diesem sensiblen Bereich zu adressieren. Diese Ressourcen sind entscheidend, um das Bewusstsein für sexuelle Gesundheit zu schärfen und eine positive Einstellung zur Sexualität im Alter zu fördern.

Ein zentraler Aspekt ist die Aufklärung über sexuelle Gesundheit. Informationsmaterialien, wie Broschüren oder Online-Ressourcen, bieten wertvolle Einblicke in Themen wie Libidoveränderungen, Erektionsstörungen oder hormonelle Veränderungen bei Frauen. Organisationen wie die Deutsche Gesellschaft für Sexualforschung (DGfS) stellen umfassende Informationen bereit und können als Anlaufstelle dienen.

Darüber hinaus spielen Fachkräfte im Gesundheitswesen eine wichtige Rolle. Ärzte, Psychologen und Sexualtherapeuten sollten geschult sein, um ältere Patienten offen und einfühlsam auf ihre sexuellen Anliegen anzusprechen. Regelmäßige Schulungen und Fortbildungen können dazu beitragen, dass diese Fachkräfte aktuelle Informationen über altersbedingte Veränderungen in der Sexualität haben und geeignete Behandlungsmöglichkeiten anbieten können.

- **Selbsthilfegruppen:** Diese Gruppen bieten einen Raum für den Austausch von Erfahrungen und Unterstützung unter Gleichgesinnten. Sie können helfen, Stigmata abzubauen und das Gefühl der Isolation zu verringern.
- **Online-Foren:** Plattformen wie spezielle Foren oder soziale Medien ermöglichen es älteren Menschen, anonym Fragen zu stellen und Ratschläge von anderen Betroffenen einzuholen.
- **Kurse zur sexuellen Aufklärung:** Workshops oder Seminare speziell für Senioren können praktische Tipps geben und das Wissen über sexuelle Gesundheit erweitern.

Zudem ist es wichtig, dass Angehörige in diesen Prozess einbezogen werden. Oftmals scheuen sich ältere Menschen davor, mit ihren Familien über intime Themen zu sprechen. Eine offene Kommunikation innerhalb der Familie kann dazu beitragen, Vorurteile abzubauen und Unterstützung anzubieten.

Zusammenfassend lässt sich sagen, dass eine Vielzahl von Ressourcen zur Verfügung steht, um die sexuelle Gesundheit älterer Menschen zu fördern. Durch gezielte Aufklärung, professionelle Unterstützung sowie den Austausch in Gemeinschaften kann ein erfülltes Sexualleben auch im Alter möglich gemacht werden.

6
Gesellschaftliche Normen und Erwartungen

6.1 Einfluss gesellschaftlicher Normen auf das Sexualverhalten älterer Menschen

Der Einfluss gesellschaftlicher Normen auf das Sexualverhalten älterer Menschen ist ein komplexes und oft missverstandenes Thema. In vielen Kulturen existieren tief verwurzelte Vorstellungen darüber, was als angemessen oder unangemessen gilt, wenn es um die Sexualität im Alter geht. Diese Normen können sowohl positive als auch negative Auswirkungen auf das sexuelle Wohlbefinden älterer Menschen haben.

Ein zentraler Aspekt ist die Stigmatisierung von Sexualität im Alter. Oft wird angenommen, dass ältere Menschen kein Interesse mehr an sexuellen Aktivitäten haben oder dass solche Bedürfnisse unangebracht sind. Diese Annahmen führen dazu, dass viele Senioren sich schämen, ihre Wünsche zu äußern oder sogar zu explorieren. Die Gesellschaft neigt dazu, ältere Erwachsene als asexuell zu betrachten, was nicht nur ihre individuellen Bedürfnisse ignoriert, sondern auch deren Lebensqualität erheblich beeinträchtigen kann.

Darüber hinaus spielen Medien und Popkultur eine entscheidende Rolle bei der Formung dieser Normen. Filme und Fernsehsendungen zeigen häufig stereotype Darstellungen von älteren Charakteren, die entweder als komisch oder tragisch in Bezug auf ihre Sexualität dargestellt werden. Solche Darstellungen tragen zur Verfestigung von Vorurteilen bei und hindern ältere Menschen daran, offen über ihre sexuellen Bedürfnisse zu sprechen.

Die Kommunikation innerhalb von Beziehungen ist ebenfalls stark von gesellschaftlichen Erwartungen geprägt. Viele Paare scheuen sich davor, über Themen wie Intimität und sexuelle Wünsche zu sprechen, aus Angst vor Verurteilung oder Missverständnissen. Eine offene Diskussion kann jedoch helfen, Barrieren abzubauen und eine gesunde Beziehung zu fördern.

Insgesamt ist es wichtig, diese gesellschaftlichen Normen kritisch zu hinterfragen und einen Raum für offene Gespräche über Sexualität im Alter zu schaffen. Nur so kann das Wohlbefinden älterer Menschen gefördert werden und ihnen ermöglicht werden, ein erfülltes Leben in allen Aspekten ihrer Existenz zu führen.

- Gesellschaftliche Tabus können den Zugang zu Informationen über sexuelle Gesundheit im Alter einschränken.
- Ältere Menschen benötigen oft Unterstützung dabei, ihre Sexualität neu zu definieren und anzunehmen.
- Aufklärungskampagnen könnten helfen, das Bewusstsein für die sexualisierten Bedürfnisse älterer Menschen zu schärfen.

6.2 Offene Diskussion über Sexualität im Alter fördern

Die Förderung einer offenen Diskussion über Sexualität im Alter ist von entscheidender Bedeutung, um das sexuelle Wohlbefinden älterer Menschen zu unterstützen und gesellschaftliche Tabus abzubauen. In vielen Kulturen wird Sexualität im Alter oft als unangemessen oder gar nicht existent betrachtet, was dazu führt, dass ältere Erwachsene sich in ihren Bedürfnissen und Wünschen isoliert fühlen. Eine offene Kommunikation kann helfen, diese Barrieren zu überwinden und ein gesundes Verständnis von Intimität und Sexualität zu entwickeln.

Ein erster Schritt zur Förderung dieser Diskussion besteht darin, Aufklärungskampagnen zu initiieren, die sich gezielt an ältere Menschen richten. Diese Kampagnen sollten Informationen über sexuelle Gesundheit, Verhütung und emotionale Intimität bereitstellen. Durch Workshops oder Informationsveranstaltungen können Senioren ermutigt werden, ihre Fragen und Bedenken offen anzusprechen. Solche Formate bieten nicht nur Wissen, sondern auch einen Raum für den Austausch von Erfahrungen unter Gleichaltrigen.

Darüber hinaus ist es wichtig, Fachkräfte im Gesundheitswesen in die Diskussion einzubeziehen. Ärzte und Pflegepersonal sollten geschult werden, um sensibel auf die sexuellen Bedürfnisse ihrer älteren Patienten einzugehen. Oft scheuen sich Senioren davor, solche Themen mit ihrem Arzt zu besprechen; eine proaktive Ansprache durch medizinisches Personal kann jedoch dazu beitragen, Hemmungen abzubauen und Vertrauen aufzubauen.

Ein weiterer Aspekt ist die Rolle der Medien bei der Darstellung von Sexualität im Alter. Positive Darstellungen älterer Menschen in romantischen oder sexuellen Kontexten können helfen, stereotype Vorstellungen abzubauen und das Bewusstsein für die Realität der sexuellen Bedürfnisse im Alter zu schärfen. Filme oder Serien könnten Geschichten erzählen, die das Thema auf respektvolle Weise behandeln und so eine breitere Akzeptanz fördern.

Schließlich sollte auch innerhalb von Familien ein offener Dialog gefördert werden. Angehörige können eine wichtige Unterstützung sein, indem sie ihren älteren Verwandten zuhören und deren Wünsche ernst nehmen. Ein respektvoller Umgang mit dem Thema Sexualität kann dazu beitragen, dass ältere Menschen sich weniger allein fühlen und ihre Bedürfnisse besser artikulieren können.

6.3 Entwicklung einer positiven Einstellung zur Sexualität

Die Entwicklung einer positiven Einstellung zur Sexualität ist ein entscheidender Aspekt für das allgemeine Wohlbefinden und die Lebensqualität, insbesondere im Alter. Eine gesunde Sichtweise auf Sexualität fördert nicht nur das individuelle Selbstwertgefühl, sondern auch die zwischenmenschlichen Beziehungen und die emotionale Intimität. In vielen Kulturen wird Sexualität oft mit Scham oder Tabus behaftet, was dazu führt, dass Menschen ihre Bedürfnisse und Wünsche nicht offen aussprechen können. Daher ist es wichtig, Wege zu finden, um eine positive Haltung zu fördern.

Ein zentraler Ansatz zur Förderung einer positiven Einstellung besteht in der Aufklärung über sexuelle Gesundheit und die Normalisierung von Gesprächen über Sexualität. Bildungseinrichtungen und Gesundheitsorganisationen sollten Programme entwickeln, die sich an verschiedene Altersgruppen richten und Informationen über körperliche Veränderungen, sexuelle Funktionalität sowie emotionale Aspekte der Sexualität bereitstellen. Solche Programme könnten Workshops oder Diskussionsrunden umfassen, in denen Teilnehmer ihre Erfahrungen teilen können.

Darüber hinaus spielt die Rolle der Medien eine wesentliche Rolle bei der Formung von Einstellungen zur Sexualität. Positive Darstellungen von älteren Menschen in romantischen oder sexuellen Kontexten können stereotype Vorstellungen abbauen und ein realistisches Bild von Intimität im Alter vermitteln. Filme, Bücher oder soziale Medien sollten Geschichten präsentieren, die Vielfalt und Akzeptanz fördern und somit ein gesundes Verständnis für sexuelle Bedürfnisse schaffen.

Familienmitglieder sind ebenfalls entscheidend für die Entwicklung einer positiven Einstellung zur Sexualität. Ein offener Dialog innerhalb der Familie kann dazu beitragen, dass ältere Menschen sich sicher fühlen, ihre Gedanken und Gefühle auszudrücken. Angehörige sollten ermutigt werden, respektvoll zuzuhören und Vorurteile abzubauen. Dies schafft einen Raum für ehrliche Gespräche über Wünsche und Ängste.

Zusammenfassend lässt sich sagen, dass eine positive Einstellung zur Sexualität durch Bildung, offene Kommunikation sowie durch unterstützende soziale Netzwerke gefördert werden kann. Indem wir Barrieren abbauen und den Dialog anregen, tragen wir dazu bei, dass jeder Mensch – unabhängig vom Alter – seine sexuellen Bedürfnisse anerkennen und leben kann.

Referenzen:
- World Health Organization. (2020). "Physical Activity and Older Adults."
- National Institute on Aging. (2022). "Social Isolation and Loneliness in Older Adults."
- Haffner, J. (2020). Sexualität im Alter: Herausforderungen und Chancen. Verlag für Sozialwissenschaften.
- Müller, A. & Schmidt, R. (2019). Intimität und Sexualität im Seniorenalter. Gesundheitsverlag.
- Weber, T. (2021). Psychologische Aspekte der Sexualität im Alter. Psychologie Heute.
- Klein, S. (2018). Aufklärung über sexuelle Gesundheit bei älteren Menschen. Medizinische Fachzeitschrift.
- Bundeszentrale für gesundheitliche Aufklärung (BZgA). (2020). Sexualaufklärung und sexuelle Gesundheit.
- Deutsche Gesellschaft für Sexualforschung. (2019). Sexualität im Alter: Herausforderungen und Chancen.
- Schmidt, H. & Müller, A. (2021). Offene Gespräche über Sexualität in der Familie.
- Krause, M. (2018). Medien und ihre Rolle in der Sexualerziehung.
- Häusler, A. (2020). Sexualität im Alter: Ein Leitfaden für Fachkräfte.
- Müller, B. & Schmidt, C. (2019). Ältere Menschen und ihre sexuellen Bedürfnisse.
- Weber, D. (2021). Kommunikation über Sexualität in der Altenpflege.
- Klein, E. (2018). Tabus brechen: Sexualität im Alter verstehen.
- Deutsches Zentrum für Altersfragen. (2019). "Gesundheit im Alter: Ein Leitfaden."

Das Buch "Sexualität im Alter" behandelt ein oft tabuisiertes Thema, das in einer älter werdenden Gesellschaft von großer Bedeutung ist. Es zielt darauf ab, das Bewusstsein für die sexuellen Bedürfnisse und Wünsche älterer Menschen zu schärfen und eine offene Diskussion über ihre sexuelle Gesundheit und ihr Wohlbefinden zu fördern.

Zu Beginn wird die physiologische und psychologische Entwicklung im Alter betrachtet, um ein besseres Verständnis für die sexuellen Bedürfnisse älterer Menschen zu schaffen. Aktuelle Statistiken zeigen, dass viele Senioren weiterhin ein aktives Sexualleben führen, was sich positiv auf ihre Lebensqualität auswirkt. In den folgenden Kapiteln werden zentrale Themen wie Intimität, Partnerschaft sowie sexuelle Gesundheit behandelt. Zudem wird untersucht, wie Krankheiten und Medikamente die Sexualität beeinflussen können.

Ein weiterer wichtiger Aspekt des Buches ist die Auseinandersetzung mit gesellschaftlichen Normen und Erwartungen, die das Sexualverhalten älterer Menschen prägen. Die Rolle von Kommunikation und Offenheit in Beziehungen wird hervorgehoben, um Vorurteile abzubauen und eine positive Einstellung zur Sexualität im Alter zu fördern. Expertenmeinungen und Fallstudien bieten wertvolle Einblicke und praktische Ratschläge, um Leser dazu anzuregen, ihre eigenen Erfahrungen zu reflektieren.

Insgesamt lädt das Buch dazu ein, die Themen Sexualität und Intimität im Alter neu zu entdecken und zu verstehen.

© 2025 Alexander Armin

Verlag: BoD · Books on Demand GmbH, In de Tarpen 42,
22848 Norderstedt, bod@bod.de
Druck: Libri Plureos GmbH, Friedensallee 273, 22763 Hamburg
ISBN: 978-3-7693-7902-0